Bernd Flessner

Peter Schilling

Stefan Lohr

Der kleine Major Tom

Im Sog des Schwarzen Lochs

Weitere Abenteuer sind in Vorbereitung!

Bernd Flessner

Peter Schilling

Stefan Lohr

Im Sog des Schwarzen Lochs

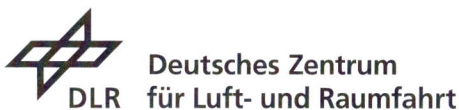 **Deutsches Zentrum**
DLR für Luft- und Raumfahrt

Ein besonderer Dank geht an

Herrn Dr. Volker Kratzenberg-Annies

für die fachliche Beratung seitens des DLR

TeSSLOFF

1. Auflage 2019
© 2019 TESSLOFF VERLAG
Burgschmietstraße 2-4, 90419 Nürnberg
Alle Rechte vorbehalten
Text: Bernd Flessner
Cover- und Innenillustrationen: Stefan Lohr
Idee/Mitwirkung: Peter Schilling
Lizenz: MajorTon Entertainment KG
Major Tom und *Völlig losgelöst* sind Marken
der MajorTon Entertainment KG
Grafische Gestaltung, Layout: Barbara Heinlein, Uwe Herrlen
Lektorat: Anja Kunze
Redaktion: Silke Neubert, Hannah Fleßner

www.tessloff.com

ISBN: 978-3-7886-4010-1

Dieses Buch entstand in Zusammenarbeit mit dem
Deutschen Zentrum für Luft- und Raumfahrt (DLR),
das den Text auf fachliche Richtigkeit geprüft hat.

Inhalt

Wie alles begann

Der kleine Major Tom lebt zusammen mit seinem
Vater, dem großen Major Tom, auf der Raumstation
Space Camp 1. Seine Mutter arbeitet auch für
die Weltraumagentur, ist aber nicht mit auf der
Raumstation.
Stella ist seine beste Freundin und ebenfalls an Bord.
Ihre Eltern sind bei der Bodenkontrolle beschäftigt.
Plutinchen ist eine Roboterkatze und die treue
Gefährtin von Tom und Stella. Gemeinsam
erforschen sie das Weltall, beobachten die
Erde und züchten Pflanzen an Bord
der Raumstation. Eines Tages muss
der große Major Tom unerwartet
zum Mars fliegen und dort mithelfen,
die Marsstation weiter aufzubauen.

Tom, Stella und Plutinchen bleiben in der Raumstation zurück und sind nun ganz auf sich alleine gestellt.

Doch auch ohne ihre Eltern sind sie erfolgreiche und begeisterte Forscher. Gemeinsam meistern sie den Alltag auf der Raumstation, lösen Probleme und genießen zwischendurch den Ausblick auf ihren Heimatplaneten Erde. Auf den verschiedenen Missionen erleben sie ein Abenteuer nach dem anderen und lernen immer wieder Erstaunliches und Interessantes über die Erde und das Weltall. Dabei helfen sie sich gegenseitig und geben auch in brenzligen Situationen niemals auf.

Wo ist die Erde?

„Ach du dickes Mondkalb!",
schimpfte Stella, als der
Space Racer aus dem
Wurmloch schoss. Statt
weiterhin geradeaus
zu fliegen, drehte sich
das Raumschiff um die
eigene Achse wie ein
Huhn auf einem Grillspieß.
„Ich glaube, mir wird schlecht", würgte
Tom und wurde blass im Gesicht.
„Die Steuerdüsen!", fauchte Plutinchen. „Schnell!"
Stella wischte über das Display und bewegte den
Joystick. Schon verlangsamte sich die Drehung.
Schließlich standen die Sterne um sie herum still.
„Danke. Das war höchste Zeit", keuchte Tom.
„Geschafft!", freute sich Stella. „Der Testflug zum
Jupiter ist beendet." Ein paar Stunden hatten sie

immerhin Zeit gehabt, sich den größten Planeten
des Sonnensystems aus der Nähe anzusehen.
Jetzt freuten sie sich auf das Space Camp 1, ihre
Raumstation. Doch die war nicht zu sehen. Auch
etwas anderes fehlte.

„Wo ist die Erde?", fragte der kleine Major Tom mit
großen Augen. „Die Erde ist nicht da."

„Der Mond auch nicht", ergänzte Stella mit noch
größeren Augen.

„Nicht einmal die Sonne", stellte Plutinchen fest,
deren Augen immer gleich groß waren.

„Das glaub' ich nicht", sagte Tom. „Die Erde muss da
sein. Unser Space Camp 1 muss da sein."

Tom, Stella und Plutinchen ließen
ihre Blicke kreisen, sahen
mal rechts, mal links aus
dem Fenster, drehten
den Space Racer um
verschiedene Achsen.

„Sie ist nicht da",
seufzte Stella. „Wir
haben uns verflogen."

10

„Das kann nicht sein", entgegnete Tom. „Wir sind doch pünktlich durch das Wurmloch geflogen. Besonders pünktlich sogar."

„Dann haben sich die Physiker von der Bodenstation wohl verrechnet", erwiderte Stella enttäuscht. „Denn hier ist keine Erde. Und das Wurmloch ist natürlich auch schon wieder verschwunden."

„Ihr wisst doch, wie viel Energie es benötigt", erklärte Plutinchen. „Das Wurmloch wird gleich wieder abgeschaltet, sobald ein Raumschiff hindurchgeflogen ist."

„Ja, das wissen wir", antwortete Stella genervt. „Nur wo die Erde ist, wissen wir nicht."

„Jedenfalls nicht hier", sagte Tom. „Wir sind nicht da gelandet, wo wir hinwollten."

„Nach Hause. Zurück zur Erde", jammerte Stella. „Ich hatte mich so darauf gefreut. Und jetzt sind wir schon wieder irgendwo im All gestrandet. Hoffentlich kommen wir wieder zurück."

„Also, Plutinchen, wo sind wir?", fragte Tom beunruhigt. „Kannst du das nicht irgendwie feststellen? Vielleicht anhand der Sterne?"

„Nur sehr ungenau", antwortete die Roboterkatze, die in ihrer Sitzschale angeschnallt war. „Ich nehme den Bordcomputer zu Hilfe und stelle ein paar Berechnungen an."

„Wir sollten unsere Position halten und wenden, damit wir jederzeit wieder ins Wurmloch fliegen können", sagte Tom. „Falls es sich wieder öffnet."

„Das Display zeigt die ungefähre Lage des Wurmlochs an", stimmte Stella zu. „Ich wende und bringe uns in eine günstige Position."

„Und dann müssen wir warten", murrte Tom. „Auf den Computer und das Wurmloch."

Nachdem der Space Racer in Position gebracht war, nahmen Tom und Stella ihre Helme ab und blickten aus dem Fenster.

Wohin auch immer sie ihre Blicke richteten – um sie herum gab es nur Sterne. Einige strahlten hell, andere waren kaum zu erkennen. Kein Stern flackerte oder flimmerte, denn hier gab es keine Atmosphäre. Auf der Erde stellte die Luft für die Lichtstrahlen der Sterne ein Hindernis dar. Hier aber gab es keine Luft.

„Was ist das große düstere Ding auf der Backbordseite?", fragte Stella und deutete auf ein Gebilde, das wie ein dunkler Nebel aussah.

„Das ist eine Dunkelwolke", erklärte Plutinchen. „Sie besteht aus Gas und Staub."

„Die muss ja riesig sein", meinte Stella.

„Viele dieser Dunkelwolken haben einen Durchmesser von mehreren Lichtjahren und die mehrfache Masse unserer Sonne. Es gibt sogar Dunkelwolken, deren Masse vielen Millionen

Sonnenmassen entspricht. Einige haben sogar Namen. Besonders bekannt ist der Pferdekopfnebel im Sternbild Orion. Der Kohlensack ist in der Nähe des Sternbilds Kreuz des Südens zu finden."

„Orbital!", staunte Tom. „Wer hat sich denn diese schrägen Namen ausgedacht?"

„Bestimmt meine Tante Frieda", vermutete Stella.

„Nein, es waren meistens die Entdecker oder andere Astronomen", entgegnete Plutinchen. „Der Pferdekopfnebel ist so groß, dass man ihn schon im 19. Jahrhundert entdeckt und fotografiert hat."

„Dann war es doch nicht meine Tante", sagte Stella.

„Bestimmt nicht. Aber der Pferdekopfnebel sieht wirklich aus wie ein Pferdekopf", erklärte Plutinchen. „Er ist der größte Pferdekopf, den es gibt, denn er hat eine Länge von drei Lichtjahren."

„Staub und Gas", wiederholte Stella. „Dann sind also nicht nur der Mond und der Mars staubig und schmutzig, sondern der ganze Weltraum."

„Das stimmt", sagte Plutinchen. „Unsere Milchstraße besteht keineswegs nur aus Sonnen, Planeten, Monden, Asteroiden und Kometen, sondern auch aus diesen Dunkelwolken. Und aus anderen Gas- und Staubwolken, die teilweise bunt leuchten."

„Wenn diese Wolken so viel Masse haben wie mehrere Sonnen, könnten daraus ja auch Sonnen entstehen, oder?", meinte Stella.

„Genau das passiert auch", bestätigte Plutinchen. „Auch unsere Sonne war einmal eine Wolke aus Staub und Gas. Irgendwann haben sich dann die kleinen Staubteilchen zusammengeballt. Sie sind zusammengestoßen und aneinander kleben geblieben. Dann haben sie mit ihrer Anziehungskraft weitere Teilchen angezogen und sind immer größer und größer geworden. So haben sich aus der Wolke allmählich die Sonne und die Planeten gebildet. Die kleineren Planeten aus festem Gestein kreisen in engen Bahnen um die Sonne: Merkur, Venus, Erde und Mars. Weiter entfernt sind die Gasplaneten entstanden: Jupiter, Saturn, Uranus und Neptun."

„Aber wo ist die Erde? Wo sind wir?", fragte Stella beunruhigt.

„Sehr weit weg", antwortete Plutinchen. „Der Computer hat die Sterne um uns herum in der

Sternenkarte unserer Milchstraße gesucht und auch gefunden. Demnach sind wir etwa 3500 Lichtjahre von der Erde entfernt."

„Was?!", schrie Tom.

„Das glaub' ich nicht!", antwortete Stella nach einer Schrecksekunde. „In der kurzen Zeit?"

„Mit einem Wurmloch ist das möglich", entgegnete Plutinchen. „Von hier bis zur Erde braucht das Licht rund 3500 Jahre."

„Wir kommen nicht mehr zurück!", flüsterte Tom.

„Unsere Reise ist hier zu Ende. Weil irgend so ein Rechenkünstler sich verrechnet hat."

„Das ist nicht gesagt", widersprach Plutinchen. „Es kann auch eine Panne schuld sein. Ein technisches Versagen. Vergesst nicht, es war ein Testflug."

„Können wir einen Funkspruch senden?", fragte Stella mit Tränen in den Augen.

„Das können wir", antwortete Plutinchen.

„Aber da auch die Funkwellen so schnell wie das Licht sind, benötigen sie 3 500 Jahre, um die Erde zu erreichen."

„Das hab' ich mir schon gedacht", brummte Tom.

„Und die Antwort braucht noch einmal 3 500 Jahre."

„Na toll, dann müssen wir ja nur 7 000 Jahre warten", meinte Stella. „Mit unseren Vorräten ist das bestimmt kein Problem."

„Wir kehren also nicht zurück?", fragte Tom.

„Nur durch das Wurmloch", antwortete Plutinchen.

„Aber wir wissen nicht, ob und wann es sich öffnet."

„Wird es sich denn überhaupt öffnen?", machte sich Stella Sorgen.

„Es hat sich ja schon einmal geöffnet", beruhigte sie Plutinchen. „Es gibt also eine Verbindung zwischen unserem Sonnensystem und diesem weit entfernten Ort. Es ist nur ein kleiner Fehler passiert. Wir wissen ja noch lange nicht alles über Wurmlöcher. Vielleicht gibt es irgendwo eine Art Abzweigung."

„Das ist besser als gar nichts", sagte Stella. „Wir haben keine andere Wahl, als zu warten. Wenigstens können wir uns in Ruhe die Dunkelwolke ansehen."

„Allein in einem Raumfahrzeug", meinte Tom, „das ist für uns keine Herausforderung. Noch haben wir ja genügend Proviant, Treibstoff und Sauerstoff."

Der Besucher aus dem All

„Unbekanntes Objekt im Anflug!", meldete sich in
diesem Augenblick der Bordcomputer. „Das Radar
hat ein unbekanntes Objekt entdeckt."
Statt auf die Sterne richteten sich schlagartig
sämtliche Blicke auf das große Display. Dort blinkte
ein kleiner, roter Punkt auf, der sich dem Raumschiff
näherte.
„Objekt vergrößern!", sagte Tom.
Der Space Racer hatte zwar kein großes Teleskop
an Bord, jedoch ein kleines. Es befand sich im Rumpf

und konnte jederzeit ausgefahren werden. Es dauerte nicht lange und das Teleskop hatte das unbekannte Objekt erfasst. Auf dem Display erschien etwas, das wie eine Pfeilspitze oder wie ein Faustkeil aus der Steinzeit aussah.

„Was ist das?", fragte Stella.

„Ich weiß es nicht", antwortete Plutinchen. „Es hat eine Länge von 360 Metern, eine Dicke von 80 Metern und eine Breite von 40 Metern. Die Oberfläche ist schwarz."

„Das sind ja komische Abmessungen", stellte Tom fest.

„Die Form könnte die von einem Raumschiff sein", meinte Stella. „Von einem sehr großen Raumschiff."

„Wie schnell ist das Objekt?", fragte Tom.

„Laut den Berechnungen des Bordcomputers bewegt es sich mit 90 Kilometern in der Sekunde."

„90 Kilometer in der Sekunde?", wiederholte Stella.

„Das ist sehr schnell. Nur mal als Beispiel: Wie lange bräuchte das Objekt, um von der Erde zum Mond zu kommen? Der Mond ist rund 400 000 Kilometer von der Erde entfernt ..."

„... mit 90 Kilometern pro Sekunde schafft es dann 5 400 Kilometer in einer Minute. Dieses Objekt bräuchte also nur rund 70 Minuten, um von der Erde zum Mond zu fliegen", schnurrte Plutinchen.

„Dann ist es also gleich bei uns?", wollte Tom wissen.

„Ja, aber es wird uns nicht rammen, sondern in einigen Kilometern Entfernung an uns vorbeifliegen", erklärte Plutinchen.

„Und? Ist es ein Raumschiff?", fragte Stella.

„Das kann man noch nicht sagen. Das Objekt muss noch näher herankommen", gab Plutinchen zu.

„Ich habe eine Idee!", entfuhr es Tom. „Wir könnten doch einen Funkspruch senden!"

„Ich würde lieber warten, ob dieses Ding einen Funkspruch sendet", entgegnete Stella. „Wir können ja nicht wissen, ob die Wesen, die dieses Raumschiff steuern, friedlich und freundlich sind – wenn es denn überhaupt ein Raumschiff ist."

„Gut, dann warten wir und lauschen", sagte Plutinchen.

Stella wischte über das Display und das Funkgerät begann damit, nach möglichen Signalen zu suchen.

Sie hörten ein unterschiedlich starkes Rauschen, dann ein Knistern und Knacken.

„Das ist gar nicht so leicht", stellte Tom fest. „Woran soll man denn ein außerirdisches Signal erkennen?"

„Das weiß niemand", erklärte Plutinchen. „Die Forscher, die nach außerirdischen und intelligenten Lebensformen suchen, glauben, dass die Wiederholung ein wichtiges Kennzeichen ist."

„Verstehe", nickte Stella. „Wenn ein Signal wiederholt wird oder regelmäßig gesendet wird, könnte es von Aliens stammen."

„Leider gibt es aber sehr viele natürliche Quellen für Radiosignale im All", wusste Plutinchen. „Es gibt zum Beispiel Pulsare. Das sind Sterne, die sich sehr schnell um die eigene Achse drehen und dabei eine starke Strahlung ins All schicken. Durch die schnelle Drehung wird ihr Signal so regelmäßig wie das Leuchtfeuer von einem Leuchtturm ausgestrahlt."

„Es ist regelmäßig, aber trotzdem natürlich", fasste Tom zusammen.

„Ihr seht, es ist für die Forscher gar nicht so leicht, Aliens zu entdecken", erklärte Plutinchen.

„Ich habe etwas!", flüsterte Stella plötzlich. „Da! Dieses merkwürdige Pfeifen! Oder ist es ein Summen? Das könnte doch von dem Ding stammen?"

Tom spitzte seine Ohren, Plutinchens Ohren waren sowieso immer auf Empfang.

„Tatsächlich! Es klingt, als würde ein Wesen von einem anderen Planeten singen", meinte Tom. „So stelle ich mir das jedenfalls vor."

„Warum sollten Aliens singen, wenn sie durchs All fliegen?", wunderte sich Stella.

„Keine Ahnung", antwortete Tom. „Vielleicht, weil es ihnen Spaß macht?"

„Still!", flüsterte Stella. „Jetzt surrt es!"

„Sollen wir antworten?", schlug Tom vor. „Wir könnten doch auch etwas singen."

„Und was? ‚Weißt du, wie viel Sternlein stehen'?", lachte Stella. „Oder ‚Der Mond ist aufgegangen'?"

„Warum eigentlich nicht? Wir könnten ihnen so zeigen, dass wir friedlich sind", meinte Tom.

„Ich würde es bei einem einfachen Funkspruch belassen", riet Plutinchen. „So, wie ihr singt, könntet ihr die Aliens verjagen."

„Du könntest recht haben", gab Tom grinsend zu.
„Stella hat ja eine halbwegs gute Stimme. Aber ich
kann den Ton nicht gut halten."

„Also gut, dann senden wir einen Funkspruch", sagte
Tom. „Versuchen müssen wir es."

Plutinchen und Tom sahen Stella an.

„Ich?", fragte sie mit großen Augen.

Plutinchen und Tom nickten.

Stella schluckte einmal und wischte über das Display.

„Hier ist das Raumschiff Space Racer vom Planeten
Erde. Wir rufen das Raumschiff, das Kurs auf uns
hält", sprach sie laut und deutlich ins Mikrofon in
ihrem Helm. „Hier ist das Raumschiff Space Racer
vom Planeten Erde. Wir rufen das Raumschiff, das
Kurs auf uns hält. Wir kommen in Frieden."

Gebannt lauschten sie nun,
ob sie eine Antwort
erhielten. In ihren
Kopfhörern hörten
sie weiterhin das
merkwürdige Knistern,
Summen und Piepsen.

„Nichts", flüsterte Stella nach ein paar Minuten. „Oder?"

Das Pfeifen wurde lauter, dann aber wieder leiser.

„Keine Antwort", meinte Tom.

„Sollen wir den Funkspruch wiederholen?", fragte Stella. „Was meinst du, Plutinchen?"

„Das könnt ihr tun, aber ich fürchte, es hat keinen Sinn", antwortete die Weltraumkatze. „Das Objekt ist jetzt nah genug, damit unsere Sensoren und Messgeräte mehr darüber erfahren können. Gleich könnt ihr die Ergebnisse auf dem Display sehen."

„Da sind sie!", sagte Tom und hob den Finger. „Es besteht vor allem aus Eisen und Gestein."

„Und es ist massiv", stellte Stella fest. „Also ist es innen nicht hohl. Demnach ist es wohl kein Raumschiff."

„Ein Asteroid", meinte Tom. „Und ich dachte, die gibt es nur im Sonnensystem."

„Nein, Asteroiden und Kometen können auch kreuz und quer durchs All fliegen", antwortete Plutinchen. „Dieser Asteroid wurde bestimmt in einem fernen Sonnensystem aus seiner Bahn geworfen."

„Genau wie Oumuamua", wusste Stella.

„Wer?", fragte Tom.

„Na, dieser Asteroid oder Komet, der vor vielen Jahren, ich glaub' 2017, durch unser Sonnensystem geflogen ist", antwortete Stella. „Der kam auch von irgendwoher aus dem All."

„Stimmt", schnurrte Plutinchen. „Oumuamua war so ein Objekt, das nicht aus unserem Sonnensystem stammte. Damals haben Forscher übrigens auch überprüft, ob es ein Raumschiff ist."

„Aber sie haben nicht gesungen", lachte Tom.

„Nein, aber sie haben auch nach Funksignalen gesucht", erklärte Plutinchen.

„Es kommt!", rief Stella, die einen Blick auf das Display geworfen hatte. „Gleich ist es da. Von Steuerbord."

Diesmal lauschten sie nicht gebannt, sondern sahen gebannt aus dem Cockpitfenster.

„Ich sehe nichts", beschwerte sich Tom.

„Jetzt!", rief Stella.

„Nichts", sagte Tom enttäuscht. „Ich habe nichts gesehen."

„Kein Wunder", miaute Plutinchen. „Es ist schwarz und schafft 90 Kilometer in der Sekunde. Das ist viel zu schnell, um es mit bloßem Auge beobachten zu können. Es ist jetzt schon mehrere Hundert Kilometer von uns entfernt."

„Schade", schnaufte Tom. „Dafür hat es uns immerhin nicht getroffen."

„Na ja, und wenn es doch ein Raumschiff gewesen wäre?", gab Stella zu bedenken. „Was wäre passiert? Hätten die Aliens überhaupt ihr Raumschiff abgebremst, um uns zu treffen?"

„Da wir nicht wissen, wie sich intelligente Wesen von anderen Planeten verhalten, kann ich diese Frage nicht beantworten", sagte Plutinchen. „Wir wissen auch nicht, wie sie aussehen könnten."

„Aber was ist mit den vielen Filmen, die Aliens zeigen?", fragte Tom.

„Das ist die menschliche Fantasie", erklärte Plutinchen. „So stellen sich die Filmleute Außerirdische vor. Sollen sie im Film böse sein, dann sehen sie furchterregend und gefährlich aus. Sollen sie aber Freunde der Menschen sein, dann sehen sie lieb und nett aus. Doch es bleibt alles pure Fantasie. Niemand weiß, wie andere Lebensformen aussehen."

„Aber es gibt sie doch?", wollte Stella wissen.

„Noch haben wir keine Beweise", fuhr Plutinchen fort. „Die Forscher sind sich aber sehr sicher, dass es nicht nur auf der Erde Leben gibt. Dazu ist das Weltall viel zu groß. Sie schätzen, dass es allein in unserer Milchstraße rund zehn Milliarden Planeten gibt, auf denen Leben möglich ist."

„Zehn Milliarden?", wiederholte Stella. „Eine Milliarde ist gleich tausend Millionen. In Zahlen ist eine Milliarde eine Eins mit neun Nullen. Und das dann mal zehn … Unvorstellbar!"

„Genau", miaute Plutinchen. „Es ist also sehr unwahrscheinlich, dass es nur auf der Erde Leben gibt."

„Der Asteroid hätte also tatsächlich ein Raumschiff sein können", sagte Tom nachdenklich.

„Ja, das hätte er", nickte Plutinchen.

Ein Loch im All

„Jetzt warten wir hier schon fünf Stunden",
beschwerte sich Stella.

„Kommen wir wieder zurück?", fragte Tom.

„Das kann ich nicht sagen", antwortete Plutinchen.

„Aber fünf Stunden sind keine lange Zeit."

„Für mich schon", widersprach Stella.

„Für mich auch", stimmte Tom zu.

„Und dauernd starren wir dorthin, wo wir das
Wurmloch vermuten", stöhnte Stella.

„Dann schau doch einfach mal in eine andere
Richtung", schlug Plutinchen vor.

„Eine gute Idee. Aber überall sind Sterne. Hier gibt es
nur Sterne", jammerte Stella.

„Das liegt daran, dass wir im Weltraum sind", erklärte
Plutinchen.

„Darauf wäre ich nicht gekommen", schüttelte Stella
den Kopf und sah weiter aus dem Fenster auf das
Sternenmeer. Das hatte allerdings ein kleines Loch.

Mitten in den Millionen von leuchtenden Punkten entdeckte sie eine kleine, kreisrunde, leere Stelle, die ihr bislang entgangen war.

„Was ist denn das?", fragte sie und deutete mit dem Finger auf das Loch im All.

„Vergrößere es bitte", sagte Plutinchen.

Stella wischte über das Display und das Teleskop schwenkte auf das Loch, das kurz darauf viel besser und größer zu sehen war.

„Da stimmt etwas nicht", meinte Tom. „Das Teleskop oder das Display muss einen Fehler haben. Die Sterne rund um das Loch sind völlig verzerrt dargestellt. Sieht aus wie der Abfluss einer Badewanne."

„Das Loch ist völlig korrekt wiedergegeben", entgegnete Plutinchen.

„Das kann nicht sein!", widersprach Stella. „Sieh dir die Vergrößerung doch genau an. Die Sterne sehen aus, als wären sie in einen Küchenmixer oder eine Waschmaschine geraten."

„Dafür sorgt die Schwerkraft", erklärte Plutinchen, „auch als Gravitation bekannt. Denn das Loch im All ist ein Schwarzes Loch."

„Ein Schwarzes Loch?", erschrak Stella und wurde blass.

„Auch das noch!", rief Tom. „Bloß weg hier!"

„Worauf du dich verlassen kannst", stimmte Stella zu und griff zum Joystick.

„Halt! Stopp!", mahnte Plutinchen von hinten, doch es war bereits zu spät. Stella hatte die Triebwerke gezündet und beschleunigte den Space Racer. Alle drei Passagiere wurden in ihre Sitze gedrückt.

„Halt! Stopp!", wiederholte Plutinchen. „Was macht ihr denn?"

„Na, wir fliehen vor dem Schwarzen Loch!",
antwortete Tom. „Das kann uns aufsaugen wie ein
Staubsauger. Die Anziehungskraft von so einem Ding
ist gigantisch! Das müsstest du doch wissen!"
„Ganze Sterne kann so ein Schwarzes Loch
verschlingen", fügte Stella hinzu. „Das habe ich in
einer Dokumentation gesehen. Es ist sogar schon
beobachtet worden. Also nichts wie weg!"
„Das brauchen wir nicht!", rief Plutinchen. „Dieses
Schwarze Loch ist zu weit weg und gehört auch nicht
zu den großen. Es ist sogar ziemlich klein."
„Du willst uns nur beruhigen", meinte Tom. „Schwarze
Löcher sind gefährlich."
„Aber nur, wenn man ihnen zu nahe kommt",
erwiderte Plutinchen. „Also runter vom Gas!"
„Wirklich?", fragte Stella.
„Ihr könnt mir vertrauen", sagte Plutinchen.
Stella schaltete die Triebwerke ab, war aber noch
immer blass im Gesicht.
„Keine Sorge, wir sind viel zu weit weg", bekräftigte
Plutinchen. „Drehe bitte den Space Racer, sodass wir
auf das Schwarze Loch sehen können."

„Na gut", stimmte Stella zu und hantierte mit dem Joystick. Schon lag das Schwarze Loch direkt vor ihnen, wenn auch sehr weit entfernt. Richtig bewundern konnten sie es nur auf dem Display vor ihnen.

„Rund um das Ding sieht das All ganz anders aus", staunte Tom.

„Das Schwarze Loch macht etwas mit dem Weltraum", meinte Stella.

Die beiden Astronauten konnten ihre Blicke kaum von dem geheimnisvollen Objekt lösen, das in der Lage war, den Weltraum so zu verändern.

„Siehst du, dass etwas verschlungen wird?", fragte Tom.

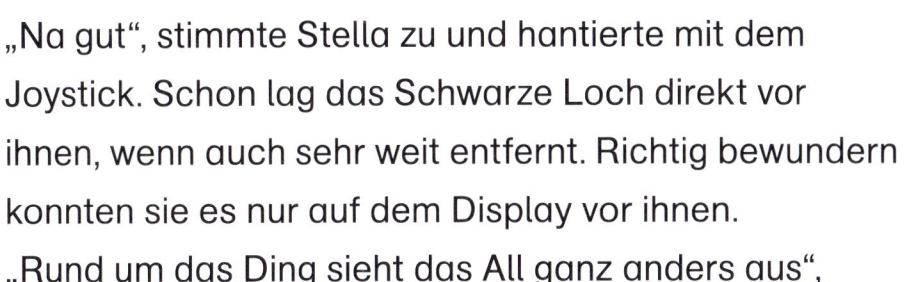

„Im Moment nicht", antwortete Stella. „Nicht einmal eine Sonne."

„Das passiert ja auch nicht ständig", rollte Plutinchen mit den Augen, „sondern nur, wenn eine Sonne in die Nähe eines Schwarzen Lochs gerät."

Eine Weile betrachteten Tom und Stella wortlos den Monitor.

„Also gut", sagte Stella schließlich. „Dann erkläre mir doch erst einmal, was ein Schwarzes Loch überhaupt ist."

„Ja", stimmte Tom zu. „Wie entsteht überhaupt ein Schwarzes Loch. Und warum ist es so schwarz. Das ist ja schwärzer als jeder Kometenkern."

„Ich mache es so einfach wie möglich: Ein Schwarzes Loch kann aus einem Stern entstehen. Aus einem großen Stern", begann Plutinchen. „Das Schwarze Loch vor uns hat etwa die Masse von 15 Sonnen. Das verraten unsere Messgeräte."

„Aber warum ist es dann keine leuchtende Sonne?", fragte Stella.

„Jetzt wartet es doch ab. Also: Jeder Himmelskörper übt eine Anziehungskraft aus", erklärte die

Roboterkatze. „Das kennen wir ja von der Erde, die den Mond anzieht."

„Klar, sonst würde unser Mond einfach wegfliegen", wusste Tom. „Aber die Erdanziehung hält ihn auf seiner Bahn. Sie sorgt auch dafür, dass ein Apfel auf den Boden fällt und nicht davonschwebt, wenn man ihn loslässt."

„Genau. Und wenn ein Himmelskörper sehr viel Masse hat, also sehr schwer ist, dann ist auch seine Schwerkraft stärker", fuhr Plutinchen fort. „Jetzt stellt euch mal kurz einen riesigen Stern vor: Solange er leuchtet, brennt in seinem Inneren ein gewaltiges Feuer – das ist wie eine andauernde Explosion. Aber Sterne leuchten nicht ewig. Wenn ein Stern nach vielen Millionen oder Milliarden Jahren seinen Brennstoff verbraucht hat, passiert etwas Unvorstellbares: Er hört auf zu leuchten und ohne all die Explosionen in seinem Inneren fällt er in sich zusammen."

„Er schrumpft?", fragte Stella. „Als ob man aus einem Luftballon die Luft rauslässt?"

„Ja, kein schlechter Vergleich", lobte Plutinchen. „Vorher war Luft im Ballon, die ihn auseinandergedrückt hat. Wenn der Druck aber fehlt, wird der Ballon ganz klein. Bei einem Stern ist es natürlich keine Luft, die ihn auseinanderdrückt. Da spielen andere Gase wie Wasserstoff und Helium eine Rolle. Aber egal: Wenn der Druck weg ist, bricht der Stern unter seinem eigenen Gewicht zusammen. All seine Masse wird dann ganz dicht zusammengepresst: vorher ein riesiger Stern, jetzt eine kleine Kugel. Als ob man ganz viel Schnee zu einem superfesten Schneeball zusammendrückt. Ein Suppenlöffel voll dieser Materie würde so viel wie unsere ganze Erde wiegen!", betonte Plutinchen.

„Orbital!", staunte Tom.

„Allerdings", bestätigte Plutinchen. „Und wir sprechen hier nicht von einem kleinen Suppenlöffel mit dieser Materie, sondern von einem Stern, der vorher viel größer als unsere Sonne war. So viel Masse ganz eng auf kleinstem Raum zusammengeballt – das ergibt eine gewaltige Anziehungskraft! Und das ist dann ein Schwarzes Loch. Wer ihm zu nahe kommt, wird von der starken Anziehungskraft hineingezogen. Selbst Licht kommt da nicht mehr raus."

„Daher der Name Schwarzes Loch", dachte Stella laut.

„Passiert das auch bei unserer Sonne? Die ist doch riesig?", fragte sie.

„Nein, unsere Sonne hat einfach zu wenig Masse", versicherte Plutinchen.

„Sie ist natürlich schon ziemlich groß, wenn man sie mit der Erde vergleicht. Aber es gibt noch viel größere Sterne im Weltall, die viel mehr Masse haben", erklärte Plutinchen.

„Der Stern, aus dem dieses Schwarze Loch hier entstanden ist, hatte anscheinend genügend Masse", sagte Tom.

„Ja, 15 Sonnenmassen reichen aus", nickte Plutinchen. „Oft sind es aber noch mehr."

„Aber was ist mit den sonderbar geformten Sternen rund um das Schwarze Loch?", fragte Stella. „Man kann sie erkennen, aber sie sehen merkwürdig aus."

„Das ist kompliziert", gab Plutinchen zu. „Die gewaltige Masse des Schwarzen Lochs krümmt den Raum."

„Ich verstehe kein Wort", sagte Tom. „Wie kann die Schwerkraft den Raum krümmen?"

„Das ist auch wirklich schwer zu verstehen", erklärte Plutinchen. „Man kann es sich wie eine schwere Eisenkugel vorstellen, die man auf eine Matratze legt. Die erzeugt ja auch eine Delle. So ähnlich machen das große Sterne und Schwarze Löcher mit dem Weltraum – nur ohne dass man es sieht."

„Aha! Das Schwarze Loch krümmt den Weltraum", mischte sich Stella ein. „Sehen die Sterne dahinter deshalb so seltsam aus?"

„Gut erkannt", lobte Plutinchen. „Das Licht der Sterne, die sich hinter dem Schwarzen Loch befinden, erreicht uns nicht auf geradem Weg. Das Sternenlicht wird durch den gekrümmten Raum verzerrt. Es kommt gewissermaßen auf einer Kurve zu uns."

Tom und Stella starrten auf das Display und versuchten zu verstehen, was sie sahen.

„Es sieht aus wie ein Auge", bemerkte Tom.

„Du immer mit deinen Augen", schüttelte Stella den Kopf.

„Nur weil ich den Großen Roten Fleck vom Jupiter für ein Auge gehalten habe", murrte Tom. „Das Ding sieht aber wirklich wie ein Auge aus. Das Schwarze Loch ist die Pupille."

„Und du weißt genau, dass wir weit genug entfernt sind?", fragte Stella die kleine Roboterkatze. „Wir könnten also noch etwas näher an das Schwarze Loch heranfliegen? Ein bisschen näher?"

„Okay", stimmte Plutinchen zu. „Wir sollten sowieso zurück zu unserer ursprünglichen Position."

Im Sog des Schwarzen Lochs

„Also los!", freute sich Stella, auch wenn ihr Herz pochte. Einerseits war sie neugierig; andererseits hatte sie Angst vor dem Schwarzen Loch. Sie beschleunigte langsam und hielt auf das Auge zu, das sie allerdings nur auf dem Display richtig sehen konnte.

„Aber du meldest dich rechtzeitig, wenn es gefährlich wird", sagte Stella zu Plutinchen. „Bevor wir gekrümmt werden."

„Darauf könnt ihr euch verlassen", versicherte Plutinchen. Langsam visierte Stella das Schwarze Loch an, das auf dem Display immer deutlicher zu erkennen war.

„Dir zeig' ich es", flüsterte sie leise. „Du jagst mir keine Angst ein. Ein schwarzes Ding mit einem Durchmesser von ein paar Kilometern. Wenn ich da an den Jupiter denke. Das war ein Riesending. Außerdem sind wir ja noch immer sehr weit entfernt. Da kann also nichts passieren."

„Was denkst du?", fragte Tom. „Haben wir eine Chance, wieder nach Hause zu kommen?"

„Natürlich", antwortete Plutinchen. „Wenn wir uns dort aufhalten, wo wir das Wurmloch verlassen haben."

„Und das weißt du genau?", fragte Tom nach.

„Nein, das weiß niemand genau", antwortete die Roboterkatze. „Wir wissen vieles noch nicht. Sonst würden wir ja nicht so viel forschen. Wir wissen auch noch nicht, was genau in einem Schwarzen Loch passiert. Die Forscher sind sich da noch nicht einig. Außerdem hat noch niemand ein Schwarzes Loch aus der Nähe gesehen."

„Außer uns natürlich", entgegnete Tom.

„Allerdings", schnurrte Plutinchen. „Die Astronomen werden viele Fragen an uns haben."

Tom und Plutinchen rätselten noch über viele Dinge und achteten nicht auf Stella, die langsam, aber ständig den Space Racer beschleunigte. Plötzlich meldete sich die Stimme des Bordcomputers: „Warnung! Nähern uns unbekanntem Objekt!"

„Keine Sorge", widersprach Stella. „Ich habe das Display im Auge. Wir sind noch lange nicht in Gefahr."

„Das sehe ich anders", entgegnete Plutinchen. „Du musst auf Gegenkurs gehen und zum Ort des Wurmlochs zurückkehren."

„Stella! Hör auf Plutinchen!", rief Tom. „Das wird zu gefährlich!"

„Hast du etwa Angst?", lachte sie.

„Ja, ich habe Angst", antwortete Tom. „Ich möchte nämlich nicht von einem Schwarzen Loch verschlungen werden."

„Ich doch auch nicht", hielt sie ihm entgegen. „Aber

ein bisschen näher geht noch. Nur ein kleines Stück."

„Das sollten wir nicht machen", warnte Plutinchen.

„Der Abstand ist nahe genug."

„Stella! Dreh bitte sofort um!", ergänzte Tom.

„Warnung! Nähern uns unbekanntem Objekt!",
schaltete sich der Bordcomputer ein. „Keine
Information verfügbar."

„Stella! Bitte!", rief Tom ins Mikrofon.

Der Space Racer schoss wie ein Pfeil auf das
Schwarze Loch zu. Auf dem Display begann ein rotes
Warnlicht zu blinken.

„Stella!", wiederholte Tom.

„Du musst jetzt wenden!", schloss sich Plutinchen an.

„Also gut", lenkte Stella ein und hantierte mit dem Joystick.

„Puh! Das wurde höchste Zeit!", schnaufte Tom erleichtert.

„Wir hätten noch Zeit gehabt", widersprach Stella.

„Es ist besser so", sagte Plutinchen. „Bei einem Schwarzen Loch ist größte Vorsicht geboten."

„Wir sind ja irre schnell!", stellte Tom durch einen Blick aufs Display fest.

„Allerdings", gab ihm Plutinchen recht. „Wende das Raumschiff und bremse mit den Haupttriebwerken. Sonst landen wir doch noch im Schwarzen Loch."

„Das versuche ich ja längst", antwortete Stella aufgeregt. „Aber der Space Racer reagiert nicht."

„Was soll das heißen?", fragte Tom verwundert.

„Na, dass sich der Joystick nicht bewegen lässt", erwiderte Stella. „Weder vor noch zurück. Er klemmt!"

„Lass mich mal", sagte Tom und griff zu seinem Joystick. Aber auch er hatte keinen Erfolg. Der Joystick, der als Steuerknüppel diente, bewegte sich keinen Millimeter.

„Siehst du!", schimpfte
Stella. „Du schaffst es
auch nicht!"

„Weil du unbedingt ...",
entgegnete Tom.

„Weil ich was ...?",
wehrte sich Stella. „Du
meinst, weil ich keine
Angst habe?"

„Habe ich etwa Angst?", erwiderte
Tom. „Ich habe nie Angst. Also ... fast nie."

„Dann hast du ja auch keine Angst vor dem
Schwarzen Loch", hielt ihm Stella entgegen.

„Hab' ich auch nicht! Aber gefährlich ist es trotzdem",
zischte Tom.

„Also hast du Angst!", zischte Stella zurück.

„Nein, hab' ich nicht!", entgegnete Tom.

„Wenn ihr euch weiter streitet, landen wir tatsächlich
noch im Schwarzen Loch", meinte Plutinchen ruhig.
„Entscheidet euch."

Tom und Stella sahen sich in die Augen. Tom zog
seine Hand langsam von dem Joystick zurück.

„Ich wollte nur noch etwas näher an das Schwarze Loch heran", rechtfertigte sich Stella. „Irgendwie hat mich das in seinen Bann gezogen. So ähnlich wie der Jupiter."

„Das verstehe ich", sagte Tom mit ernstem Tonfall. „Und trotzdem: Ein Schwarzes Loch ist nicht der Jupiter. Der ist ein Planet mit farbigen Wolken und er ist wunderschön. Ein Schwarzes Loch ist nur ein schwarzes Etwas."

„Dafür aber viel gewaltiger und stärker als der Jupiter", änderte Stella ihre Meinung von vorhin. „So ein Schwarzes Loch, das verschlingt den Jupiter wie ein Elefant eine Erbse."

„Ach Quatsch!", rief Tom ins Mikrofon. „Du kannst doch nicht ..."

„Halt! Stopp! Aus!", unterbrach Plutinchen den Wortwechsel. „Tut jetzt endlich etwas oder wir fliegen ins Schwarze Loch! Schnell!"

Tom und Stella erschraken und sahen sich kurz an.

„Du hast ja recht. Was machen wir?", fragte Stella.

„Wir lösen das Problem", antwortete Plutinchen.

„Dazu haben wir allerdings nicht mehr viel Zeit. Ich logge mich mal in den Bordcomputer ein."

„Mach schnell!", bat Stella. „Bitte!"

„So schnell es geht", antwortete Plutinchen. „Die Zeit habt ihr verplempert, nicht ich. Merkt euch das."

„Sie findet die Ursache, da bin ich sicher", meinte Tom. „Auf Plutinchen können wir uns verlassen."

Ihre Roboterkatze schwieg und starrte aufs Display.

„Dauert ganz schön lange", sagte Stella. „Und das ist alles meine Schuld."

Tom sah Stella mit einem vorwurfsvollen Blick an, sagte aber kein Wort.

„Dieses blöde Schwarze Loch!", schimpfte Stella.

„Das ist nicht blöd", sagte Tom. „Wir hätten nicht darauf zufliegen sollen. Jetzt hängt alles von Plutinchen ab."

„Ich sage es ja, es ist alles meine Schuld", meinte Stella betrübt. „Ich habe mich von dem Schwarzen Loch verleiten lassen. Ich wollte es unbedingt aus der Nähe sehen."

Eine Weile schwiegen beide und sahen sich abwechselnd an.

„Jetzt mach dir keine Vorwürfe", tröstete sie Tom. „Wir alle haben Schuld, wir alle sind verantwortlich."

„Es ist ein Fehler im Programm!", verkündete Plutinchen plötzlich.

„Und? Kannst du den Fehler beheben?", fragte Stella aufgeregt.

„Ich werde es versuchen", antwortete Plutinchen, während sie weiter auf das Schwarze Loch zuflogen.

„Warnung! Nähern uns unbekanntem Objekt!", schaltete sich der Bordcomputer erneut ein.

„Sofortige Kursänderung erforderlich!"

„Das wird eng", schnaufte Tom und beobachtete Plutinchen, die keine Regung zeigte. Ihr Computer war dabei, den Fehler im Programm des Bordcomputers zu beheben. Dazu musste Plutinchen ihre ganze Rechenleistung aufbieten.

„Sieh mal!", sagte Stella und deutete mit dem Finger auf das Display.

„Das Schwarze Loch!", murmelte Tom. „Jetzt sieht es richtig bedrohlich aus. Wirklich wie der Strudel im

Abfluss der Badewanne."
„Ich will da nicht hinein!",
rief Stella.
„Ich auch nicht", flüsterte Tom.
„Schnell! Der Joystick!",
miaute Plutinchen laut. „Er
müsste wieder funktionieren!"
Das ließ sich Stella nicht zweimal sagen und
griff zu. Und tatsächlich, er ließ sich bewegen. Sie
flog eine große Kurve, die gerade noch zu ertragen
war. Wie in einem Karussell wurden sie von einer
Kraft, der Zentrifugalkraft, nach außen gedrückt, bis
sie wieder geradeaus flogen.

„Wir sind jetzt auf Gegenkurs!", freute sich Stella.
„Hoffentlich noch rechtzeitig."
„Gerade noch rechtzeitig", bestätigte Plutinchen. „Wir
wären sonst sehr bald in den Bereich geraten, aus
dem wir nicht mehr herausgekommen wären."
„Am besten fliege ich zu der Position zurück, von der
wir aus dem Wurmloch geflogen sind", schlug Stella
vor. „Da haben wir die besten Chancen."

„Noch haben wir Treibstoff", sagte Tom nach einem Blick auf die Angaben, die er auf dem Display lesen konnte. „Aber für viel mehr wird es auch nicht reichen."

„Dann werde ich versuchen, Treibstoff zu sparen", meinte Stella. „Unsere Geschwindigkeit ist ja hoch genug."

„Ist sie nicht", entgegnete Plutinchen laut. „Schaut mal auf das Display! Oben rechts."

„Das Wurmloch!", rief Tom.

„Es öffnet sich gerade!", schrie Stella ins Mikrofon und beschleunigte. „Hoffentlich schaffen wir es."

„Vollgas!", rief Tom.

Wieder einmal wurden sie in ihre Schalensitze gedrückt und spürten die Beschleunigung.

Tom sah beunruhigt auf die Treibstoffanzeige.

Der grüne Balken schrumpfte zusehends.

„Wir schaffen es nicht", sagte Stella. „Hält uns das Schwarze Loch hier fest?"

„Nein, das tut es nicht", erklärte Plutinchen. „Es ist viel zu weit entfernt. Habt Geduld."

„Das Wurmloch bleibt aber nur für kurze Zeit geöffnet. Das wisst ihr doch", sagte Tom. „Wie soll man da Geduld haben?"

Vor ihnen wurde das Wurmloch langsam größer. Es sah aus wie eine riesige Linse. Stella hatte die Mitte anvisiert und hielt genau darauf zu.

„Hoffentlich bleibt es", flüsterte sie. „Nur noch ein paar Sekunden."

„Bleib, wo du bist! Bleib, wo du bist!", wünschte sich Tom und starrte auf das Wurmloch.

Sekunden später verschwand der Space Racer in der riesigen Linse und ließ das Schwarze Loch hinter sich. Das All sah so aus, als wären sie nie da gewesen. Unvorstellbar groß und voller Gefahren und Geheimnisse.

„Wo ist die Erde?", fragte Tom mit pochenden Schläfen, als der Space Racer aus dem Wurmloch schoss. „Sind wir wieder zu Hause?"

„Da ist sie!", lachte Stella mit Tränen in den Augen. „Und da ist der Mond und da die Sonne."

„Orbital!", rief Tom erleichtert. „Wie schön die Erde ist. Ein unglaublicher Anblick. Eine blaue Kugel voller Leben."

„Wir haben es tatsächlich geschafft", stellte Plutinchen fest. „Das war keineswegs sicher. Aber wir sind wieder zurück. Hoffentlich auch in der richtigen Zeit."

„Was meinst du damit?", fragte Stella.

„Das ist eine andere komplizierte Sache: Schwarze Löcher verändern nicht nur den Raum, sondern auch die Zeit", erklärte Plutinchen. „Wenn wir Pech haben,

sind wir weit in der Vergangenheit gelandet – oder in der Zukunft."

„Wir müssen Space Camp 1 suchen!", schlug Stella vor. „Wo ist Space Camp 1?"

„Oder wir rufen die Bodenstation", meinte Tom.

„Eine gute Idee", nickte Plutinchen.

„Major Tom an Bodenkontrolle. Bitte kommen!", sprach Tom umgehend in sein Mikrofon.

In den Kopfhörern rauschte es. Sonst hörten sie nichts.

„Wir sind in einer anderen Zeit gelandet", erschrak Stella. „Bestimmt in der Zukunft. Im Jahr 3000. Oder sogar im Jahr 5000."

„Bodenkontrolle, bitte kommen!", wiederholte Tom. „Bitte meldet euch!"

„Hier ist die Bodenkontrolle", meldete sich eine bekannte Stimme. „Wir freuen uns sehr, dass ihr den Flug zum Jupiter so perfekt gemeistert habt. Wir sind schon gespannt auf euren Bericht. Sicher habt ihr die Wartezeit gut genutzt."

„Major Tom an Bodenkontrolle", antwortete Tom verwundert. „Ja, wir haben die Wartezeit gut genutzt."

„Das sehen wir auf unseren Anzeigen. Euer Tank ist ja fast leer", sagte die Stimme von der Erde und lachte: „Na ja, der Jupiter hat viele Monde."

„Allerdings", wunderte sich Tom in einem fort.

„Gut, dann nehmt bitte Kurs auf Space Camp 1. Ich übermittle euch die Daten für den Anflug", sagte die Stimme.

„Wie ist das nur möglich?", fragte Stella verdutzt. „Die wissen ja überhaupt nicht, dass wir beim Schwarzen Loch waren. Die denken, wir kommen direkt vom Jupiter."

„Die haben uns gar nicht vermisst", sagte Tom.

„Das kann schon sein", versuchte Plutinchen zu erklären. „Wir wissen eben noch viel zu wenig über das Weltall. Die Bodenkontrolle muss unbedingt sämtliche aufgezeichneten Daten vom Space Racer bekommen. Vielleicht können die Forscher und Astronomen etwas damit anfangen. Vielleicht können sie herausfinden, was passiert ist."

„Glaubst du, unser Abenteuer war wichtig?", fragte Stella.

„Auf jeden Fall", antwortete die Roboterkatze.

„Alles, was wir entdeckt und erlebt haben, ist wichtig. Wir sind schließlich Forscher."

„Das sind wir", stimmte Tom zu. „Aber wir sind auch froh, wieder zu Hause zu sein. Fliegen wir also zum Space Camp 1."

„Sofern der Treibstoff noch reicht", gab Stella zu bedenken und bewegte den Joystick. Als sie die Raumstation nach einem kurzen Flug erreichten, war der grüne Balken auf dem Display verschwunden und einem roten Balken gewichen. Gleich drei Kontrollleuchten signalisierten, dass ihre Treibstoffvorräte vollständig verbraucht waren.

„Das war mal wieder ganz schön knapp", meinte Tom erleichtert.

„Wie immer", miaute Plutinchen.

„Was interessiert mich der Treibstoff", lächelte Stella. „Hauptsache, es ist noch genügend Space Tea an Bord. Denn den mache ich uns jetzt."

„Diesmal haben wir ihn uns aber auch wirklich verdient", schnaufte Tom. „Also schnellstens raus aus den Raumanzügen, rein in die Overalls und ausspannen."

Sie lösten ihre Sicherheitsgurte und verließen den Space Racer. 400 Kilometer unter ihnen drehte sich die Erde. Und 3 500 Lichtjahre entfernt krümmte ein Schwarzes Loch den Raum. Aber daran verschwendeten sie jetzt keinen Gedanken mehr,

sondern schwebten durch das Wohnmodul, um
Space Tea zu trinken und sich zu stärken. Plutinchen
wollte einfach nur Strom tanken.

Der kleine Major Tom

Logbuch

Im Sog des Schwarzen Lochs // Eintrag 1

Der Physiker Albert Einstein hat 1915 seine berühmte Allgemeine Relativitätstheorie veröffentlicht. Sie ist schwer zu verstehen, sogar so schwer, dass Stella und ich sie nicht verstehen können. Nur Plutinchen weiß genau, was Albert Einstein gemeint und berechnet hat. Jedenfalls lieferte seine Theorie auch erste Hinweise darauf, dass es so etwas wie Schwarze Löcher geben könnte. Viele Physiker und Astronomen haben sich seitdem mit Schwarzen Löchern befasst und versucht, eines von ihnen zu entdecken. Was uns ja jetzt gelungen ist! Da ihre Gravitation, also ihre Anziehungskraft, so groß ist, dass kein Lichtstrahl ein Schwarzes Loch verlassen kann, sind sie schwer zu beobachten. Daher sieht man sich ihre Umgebung genau an. Das Licht von Sternen, die sich in der Nähe von Schwarzen Löchern befinden, kann sie verraten.

Im Sog des Schwarzen Lochs // Eintrag 2

Auch im Zentrum unserer Milchstraße befindet sich ein riesiges Schwarzes Loch. Es heißt Sagittarius A Stern, wird aber Sagittarius A* geschrieben. Es hat eine Masse, die etwas mehr als vier Millionen Sonnen entspricht. Das kann man sich kaum vorstellen. Seine Anziehungskraft reicht aus, um ganze Sonnen zu zerstören und zu verschlingen. Zum Glück ist es mehr als 26 000 Lichtjahre von uns entfernt. Unsere ganze Milchstraße kreist um dieses Schwarze Loch. In unmittelbarer Nähe kreisen weitere, aber kleinere Schwarze Löcher um Sagittarius A*. Astronomen vermuten, dass es mehr als 10 000 sind. Warum es so viele sind, wissen sie noch nicht. Auch andere Rätsel sind noch nicht gelöst.

Im Sog des Schwarzen Lochs // Eintrag 3

Das gilt auch für Oumuamua, der 2017 an der Erde vorbeigeflogen ist. Zum ersten Mal war man damals ganz sicher, einen Kometen oder Asteroiden entdeckt zu haben, der nicht aus unserem eigenen Sonnensystem stammt. Das ließ sich anhand seiner Flugbahn genau feststellen. Entdeckt wurde er mithilfe eines großen Teleskops auf Hawaii und deshalb hat er auch einen hawaiianischen Namen erhalten. Übersetzt bedeutet Oumuamua so viel wie Kundschafter. Manche Astronomen haben die Vermutung geäußert, Oumuamua könnte ein Raumschiff sein. Aber das erschien den meisten Fachleuten doch als ziemlich unwahrscheinlich – und genauer überprüfen ließ sich es sich auch nicht, da Oumuamua viel zu schnell war und unser Sonnensystem wieder verlassen hat, bevor man weitere Beobachtungen anstellen konnte. Ein weiteres Rätsel des Alls.

Im Sog des Schwarzen Lochs // Eintrag 4

Die Frage, ob es auf anderen Planeten Leben gibt, ist sehr alt. Schon vor vielen

Jahrhunderten haben sich Menschen damit beschäftigt. Sie haben sich gefragt, wie Lebewesen anderer Planeten aussehen und wie sie leben. Lange Zeit haben Menschen fest daran geglaubt, dass der Mars bewohnt ist. Das hat sich jedoch als Irrtum herausgestellt. Bestenfalls gibt es dort ganz einfache Lebensformen wie Bakterien – aber auch das ist fraglich. Astronomen suchen dennoch weiterhin nach Spuren von Leben in unserem Sonnensystem, etwa auf den Monden von Jupiter und Saturn, wo auch einfache Lebensformen denkbar wären. Seit 1960 gibt es SETI (Search for Extraterrestrial Intelligence also die Suche nach außerirdischem, intelligentem Leben), einen Zusammenschluss von Forschern, die nach intelligentem Leben weit draußen im All suchen. Sie glauben nicht, dass wir die einzigen schlauen Lebewesen in unserer Milchstraße sind. Das ist ja auch nicht sehr wahrscheinlich. Denn immerhin gibt es darin bis zu 300 Milliarden Sterne. Die Zahl kann man nur schätzen. Die Forscher von SETI setzen vor allem Radioteleskope ein, denn sie hoffen, eines Tages Radiosignale von fremden Lebewesen auffangen zu können.

Im Sog des Schwarzen Lochs // Eintrag 5

Früher haben viele Astronomen gedacht, dass Planeten, die um ferne Sonnen kreisen, eher selten sind. Doch 1995 haben sie zum ersten Mal einen Exoplaneten nachweisen können: einen Planeten, der zu einem anderen Sonnensystem gehört. Und danach viele weitere! Bis 2018 wurden fast 4 000 Exoplaneten entdeckt, die zu über 2 800 Sonnensystemen gehören. Nur wenige werden als bewohnbar eingestuft. Doch die gewaltige Zahl bestärkt viele Forscher in ihrer Überzeugung, dass es noch weiteres Leben im All gibt.

Im Sog des Schwarzen Lochs // Eintrag 6

Entfernungen im Weltall werden in Lichtjahren gemessen. Das klingt zunächst gar nicht nach einer Maßeinheit für Entfernungen, sondern eher nach einer Zeitangabe. Mit Zeit hat es auch tatsächlich zu tun, denn ein Lichtjahr ist die Strecke, die ein Lichtstrahl in einem Jahr im luftleeren All zurücklegt. Und bekanntlich bewegt sich das Licht mit Lichtgeschwindigkeit, der höchsten möglichen Geschwindigkeit überhaupt. In einer Sekunde legt das Licht fast 300 000 Kilometer zurück. Das ist doch unvorstellbar! In einem Jahr sind dies etwa 9,5 Billionen Kilometer, also ausgeschrieben 9 500 000 000 000 Kilometer. Das finde ich noch unvorstellbarer. Das Licht der Sonne braucht etwa acht Minuten, um zur Erde zu gelangen. Bis zum nächsten Stern, der Proxima Centauri heißt, benötigt das Licht der Sonne dann schon über vier Jahre.

Proxima Centauri ist also etwas mehr als vier Lichtjahre von unserer Sonne entfernt.

Zum Glück sind wir dem Schwarzen Loch in letzter Sekunde entkommen!

„Das Universum ist groß, die Erde unser Zuhause."

Peter Schilling

Die Kreativ-Crew rund um den kleinen Major Tom

© Kurt Fuchs

© Stefan Lohr

Bernd Flessner ...

… hat am 24.11.1957 Geburtstag. Er wurde in Göttingen geboren, ist aber am Meer aufgewachsen. Seine Lieblingsfarbe ist Rot. Am liebsten schreibt er Bücher für Erwachsene und Bücher für Kinder. Wenn er mal gerade nicht schreibt, dann kocht er. Sein Lieblingsgericht ist selbst gemachte Lasagne. Bernd Flessner ist ein begeisterter Zukunftsforscher, ihn interessiert alles, was mit Raumfahrt und Weltall zusammenhängt. Sein größter Wunsch wäre es, einmal zum Mars zu fliegen (und zurück natürlich, damit er von seinem Abenteuer berichten kann).

Stefan Lohr ...

… hat am 5.5.1972 Geburtstag. Er wurde in Leutkirch geboren und lebt heute in Ravensburg. Seine Lieblingsfarbe ist Blau. Und am liebsten illustriert er Bücher für Kinder. Wenn er Zeit hat, dann fährt er gern Achterbahn. Am liebsten mit Doppellooping. Sein größter Wunsch wäre es, einmal mit Major Toms Space Racer ein paar Loopings im Weltall zu drehen.

Peter Schilling

Wer kennt nicht „Major Tom (völlig losgelöst)" und hat
dazu schon mal ordentlich abgetanzt?
Der Sänger und Songschreiber Peter Schilling, von dem dieser
und noch viele andere Songs stammen, hatte die geniale Idee,
die Geschichte aus dem weltbekannten Lied weiterzuerzählen –
und zwar als Geschichte für Kinder.
Er ist, wie er sagt, im Herzen ein Kind geblieben und hat so
die Idee zum kleinen Major Tom, Stella und Plutinchen gehabt.
Und weil er den Autor und Weltraumfan Bernd Flessner
kennengelernt hat, sind daraus Geschichten entstanden.
Peter Schilling möchte gerne, dass Kinder die Möglichkeit bekommen,
so viel wie möglich über unsere Welt und das Universum zu erfahren.
Deshalb tauscht er sich gerne vor seinen Konzerten mit Kindern
über das spannende Thema Weltraum aus.

Bisher erschienen:

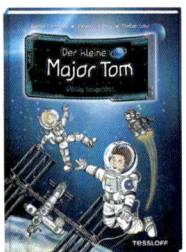

Band 1: Völlig losgelöst
ISBN 978-3-7886-4001-9

Bd. 2: Rückkehr zur Erde
ISBN 978-3-7886-4002-6

Bd. 3: Die Mondmission
ISBN 978-3-7886-4003-3

Bd. 4: Kometengefahr
ISBN 978-3-7886-4004-0

Bd. 5: Gefährliche
Reise zum Mars
ISBN 978-3-7886-4005-7

Bd. 6: Abenteuer auf
dem Mars
ISBN 978-3-7886-4006-4

Bd. 7: Außer Kontrolle!
ISBN 978-3-7886-4007-1

Bd. 8: Verloren im
Regenwald
ISBN 978-3-7886-4008-8

Bd. 9: Im Bann des Jupiters
ISBN 978-3-7886-4009-5

Bd. 10: Im Sog des
Schwarzen Lochs
ISBN 978-3-7886-4010-1

Adventskalenderbuch
ISBN 978-3-7886-4015-6

Hörspiele:

Völlig losgelöst
ISBN 978-3-7886-4101-6

Rückkehr zur Erde
ISBN 978-3-7886-4102-3

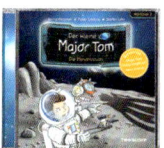

Die Mondmission
ISBN 978-3-7886-4103-0

Kometengefahr
ISBN 978-3-7886-4104-7

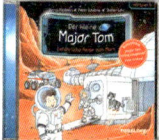

Gefährliche Reise zum Mars
ISBN 978-3-7886-4105-4

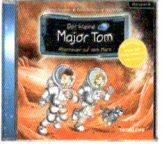

Abenteuer auf dem Mars
ISBN 978-3-7886-4106-1

Außer Kontrolle!
ISBN 978-3-7886-4107-8

Verloren im Regenwald
ISBN 978-3-7886-4108-5

Rätselhefte mit Fensterstickern:

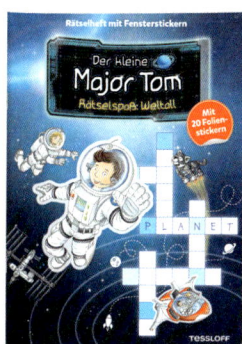

Rätselspaß: Weltall
ISBN 978-3-7886-4109-2

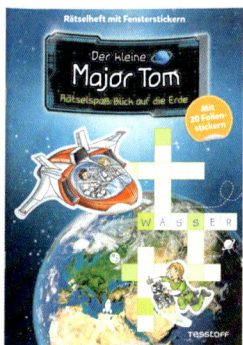

Rätselspaß: Blick auf die Erde
ISBN 978-3-7886-4110-8

Rätselspaß: Planeten
ISBN 978-3-7886-4111-5

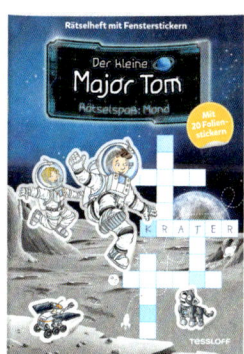

Rätselspaß: Mond
ISBN 978-3-7886-4112-2